SINGLE MOTHER'S STORY

女性がつくる「働き方改革」ストーリー

―やんちゃな職場が、背筋をピンッ 笑顔でニコッ―

濱田 綾 著

はじめに

シングルマザーとして一人息子を育てていた私は、縁あって、運送会社に入社しました。ドライバーを含む社員30人の会社です。入社した当時は唯一の、女性。10年経ち、今は、女性ドライバー1人と私の2人だけが女性です。

入ってみれば、そこは、「ザ・男社会」でした。挨拶は「オゥ」、返事も「オゥ」。相手にスキを見せては自分がやられるとばかりに、こわもてぞろい、愛想笑いの一つもありません。世間のイメージ通り（？）の、〝やんちゃ〟な雰囲気の運送会社です。

一方、私は、航空会社に勤めた経験もある接客畑出身。誰に対してもにっこり、笑顔と丁寧な言葉遣いを基本中の基本として叩き込まれた身です。

新しい職場に広がる世界は、まったく理解不能のことばかりでした。「女に、この仕事が務まるか」。口で言われないまでも、遠巻きに、そう思われている空気がひしひしと感じられました。

最初の1年、私はトラックのドライバーの仕事も経験しました。身をもって厳しい現場を知りました。そして、この経験から、私は社員のことをもっと深く理解したい、と強く思いました。そして、社員一人一人にとって居心地の良い会社にしていきたいと決心したのです。

専務として経理や総務なども担当しながら、私は心理学を学びました。そして、試行錯誤しながら心理学をベースとした社員研修を始めました。これが目覚ましい効果をあげ、現在、他社から講演依頼などをいただくことが増えています。

社外での活動は広がり、昨年は「ミセス日本グランプリ」にエントリー、ファイナリストとして本大会出場も果たしました。

本書では、自分の人生経験をもとに、社員も自分自身も幸せになるための考え方やノウハウをお伝えしていきたいと思います。

時代は「令和」。本当の働き方改革の参考にしていただければ幸いです。

2019年　4月吉日

濱田　綾

第2章　経営者の悩みの9割は研修不要です

第4章 社内コミュニケーションのコツは人生のコツ

第1章

やんちゃな職場トラブルの9割は心理学で解決した

ハマダ流　働き方改革ポイント　その1

対立構造にある部署や社員間の日常的なギスギスは、個人レベルで解消する

どの会社にも、日常的な対立を生みやすい部署、社員の人間関係は必ず存在します。ただ、これまでの経緯やイメージだけで、対立が固定化していることがあります。糸をときほぐすように、個人レベルのコミュニケーションにまで落とし込めば、ギスギスを解消する糸口が見つかります。

「視覚」「聴覚」「身体感覚」、人は3タイプと心得る

他人との違いを知ることがコミュニケーションの第一歩。自分や相手が「視覚」「聴覚」「身体感覚」のいずれに当てはまるかを知り、またそれに合わせたコミュニケーションを心得れば、人間関係は円滑になります。

「働き方の問題」は働く中で探るのが早い

働くことの問題を含め、会社の課題を探りたいと思ったら、周りの人の話を聞くことも大切ですが、自分が身をもって体験するのが一番近道です。まずは現場へ。その手間と時間は惜しまないこと。必ず、見えてくることがあります。

運転手デビュー

私が運送会社へ入社したのは2010年。この年、現社長率いる運送事業の売り上げが増加し、法人が設立されました。5台の車両を所有するという運送業開業の条件をクリアしたところからのスタートです。

私は、経理・労務管理など、いわゆる事務作業全般を一手に引き受けていました。

入社して2、3カ月が経ったころのことです。少しずつ周囲の社員との会話が増えていく中で、私は何かモヤモヤしていました。

「このまま一人、事務職だけやっていても、会社全体のことが私にはどうも見えてこないし、〝使えないやつ〟だと思われてしまう。それは絶対にイヤだ」という思いが湧いてきたのです。

「ここで、私は〝使えるやつ〟になりたい。どうしたらなれるだろう？」

ちょうど社内は立ち上げ時で、ドライバーの手が足りていないけれど、増員するには早い状況でした。

「そうだ。ドライバーをやってみようか」

当時は、普通自動車運転免許で3トントラックまで運転可能。つまり、私にもドライバーの資格があるのでした（現在は2トンまで）。

さっそく社長に申し出ると、

「ふうん。やれるんだったらやって」

のひとこと。もともと「事務の仕事はお金を生み出さない」という考え方をする人なので、あっさりオッケーをしてくれました。逆にいうと、許可をする代わりに未経験者だからどうするという気遣いも特にありませんでした。

「私、ドライバーもやることになったから」

「へえ」

「そうなの。大変だね」

社員たちは驚く人もいましたが、なんとなく他人事でした。女性でドライバーをやるなんて、社風からいってもあまりに珍しくて、すぐやめるだろうと思われていたかもしれません。

実際、私は普通自動車運転免許を持っているだけで、実家に戻ったときにオートマチック車のハンドルを握る程度の、ほぼペーパードライバーです。それが全長6メートル相当もある3トントラックで、積載分の荷物を積んで、高速道路を運転し、途中荷積み、荷おろしを私一人の手で行なっていくのですから、相当の無茶があったのでしょう。

「大丈夫？」。

社員の一人、Aさんが声をかけてきました。

「今日の夜、実際に乗ってみましょうよ」

「うん？」

深夜。私がAさんにトラックで連れていかれた先は、横浜市内、とある住宅地のビックリするような急な角度の坂道でした。

「どうぞ」

「は？」

「まずは坂道発進です」

深夜の坂道で、いきなり坂道発進の練習が始まったのです。

もともと「車」というものに興味がない私。車両の構造もよくわかりません。

坂道発進を試みても、クラッチとのタイミングがわからず、何度もエンスト。

「やばい、こんなにエンストしたら車が壊れちゃう！」

と必死にタイミングを合わせるのですが、焦るほどにエンストしてしまいました。

続いて、世田谷区内にある緑地エリアへ。

「次は、ここです」

「え？」

「この場所へ、バックで止めて見て下さい」

今度は縦列駐車の練習でした。これがまた難しかった！　死角、ハンドルを切るタイミング、バックの振り幅……。乗用車とは何もかもが違いました。何度もトラックを降りて確認しました。

「やった、完璧だわ！」

と思っても、見てみると、幅寄せが全くできていなかったこともありました。

とにかく何度でもやって、感覚をつかむしかありませんでした。

この深夜の練習は3回くらい行われました。Aさんは、その全てに付き合ってくれたのです。Aさんは何かを教えるというより、私がとにかくトラックを実際に動かして感覚で覚えるのを待っていました。

いよいよドライバーデビュー。午前中に、経理や日報、掃除など、日常の事務仕事を終えました。昼食をとって午後1時、意を決して川崎の事務所を出発しました。

まず江東区に入り、納品伝票に沿って、配送工程を組み立て、荷物を積んでから出発しました。配送工程は、渋滞エリアの回避も考慮に入れながら、荷下ろしを行う順番を考えて組み立てます。何も考えずに詰め込んでしまうと、今度は荷物を下ろしていったときに、バランスや重量で車体が傾くことがあるからです。

初日は江東区を出発したあと、台東区、墨田区を回って埼玉県与野市へ。高速道路も一般道も使うルートになりました。

また、それぞれ納品先の工場に着いたら、荷下ろし作業をする際に、工場の状況を素早く把握する必要がありました。荷台の右から下ろし始めるか、左から下ろし始めるかで、かかる時間に大きな違いが出るのです。

必死に納品ルートと荷積み荷下ろしの効率を考えながら、ひたすら走りました。あまりの緊張と恐怖で、途中の記憶がありません。覚えているのは、ハンドルが汗でベットリしていたこと。途中、窓から手をヒラヒラさせて、汗を乾かしながら走りました。

必死に業務をこなして、午後8時、なんとか帰社しました。

「はあ！」

大きな大きな吐息とともに、エンジンを切りました。

と、その瞬間に、ケータイが鳴ったのです。

「おつかれっす！」

電話の相手は、なんと深夜の練習に付き合ってくれたAさん。なんと心配して、一日中私のトラックの後ろをついてきてくれていたのでした。

このときのことを、決して忘れることはできません。

最初は、「自分が使えないやつと思われたくない」という思いで始めたドライバーでした。ですが、この日から「社員のみんなをちゃんと理解したい、いい会社にしていきたい」という決心が芽生えたのです。

ドライバーと配車担当は犬猿の仲

「あいつは、こっちの大変さが、全然わかってないんだよ」

ある日、ドライバーのBさんが、ため息をつきました。

「こっちは体張って仕事しているのにさ。あいつは一日中座って指示しているだけだからいいよな」

Bさんが言っている「あいつ」とは、配車担当係のCさんのこと。

その数日前、CさんはCさんで、

「こっちがいろいろと考えて指示をしているのに、ドライバーはそれを受けるだけ。ラクでいいよな」

ともらしていました。

ドライバーと配車担当の間には、ケンカとはいわないまでも、ピリピリとした空気がただよっています。

「ザ・男社会の社風だから、仕方ないのかな……」

当時の私は、そんなふうに無理に納得して、黙っていました。

この背景について、今ならよく理解できます。これは、ドライバーと配車担当のよくある構図。この業界では、ありがちなシーンの一つなのです。

運送会社では、配車担当は司令塔。社内のデスクにいて、運送の発注を受けたら、外のドライバーに、「○時に、○区○○センターに行ってください」と、指示をかけます。ドライバーは指示通りにトラックを走らせ、荷受け、荷下ろし。そして、業務が終わったら、配車担当に終了報告をします。

全体の配車バランスを考えながら指示をする担当と、その指示に従って走っているドライバーという構図。余裕のあるうちは問題ないのですが、業務が重なって疲れてくると、お互いにいら立ちを隠せなくなってくる傾向にあるのです。

「配車担当のあいつは、座っているだけだからいいよな」とドライバーは思い、「ドライバーは何も考えないで指示通りに走っているだけ。考えるのも大変なのに」と、配車係は考えてしまう。すると、相方にイライラがなんとなく積み重なっていくのです。

運送業界でなくても、経営サイドと現場の従業員、営業部門と制作部門など、争いがちな対立構造は、どの企業でも多かれ少なかれあるものです。

「でも、本当に構造だけの問題なのかな？　BさんとCさんは、雰囲気だけで敬遠し合っていないかな。個人レベルで、何か解決できることがきっとあるはず」と、私は感じていました。

「男とはそういうものだ」？

「運送会社とはそういうものだ」

「え？　でも……」

「いいんじゃないの。そうやってみんな、やっていくんだ」

「……」

BさんとCさんの件について、社長に意見を聞いてみると、帰ってきた返事がこれでした。

こわもてぞろいの我が社の社長は、本人が一番、その最たるタイプ。言葉遣いや態度も、一見近寄りがたいものがあります。

その一方で、いざというときの決断力やリーダーシップは人一倍。こんな怖い顔、怖い態度でありながら、誰よりも人望が厚い。こんな人を、もっと深く理解したい、と思ったことも、のちのち心理学を学ぶきっかけでした。

ただ、私が社内で「これはなぜなのだろう？」と思ったとき、相談しても返ってくる言葉がだいたい。「運送会社とはそういうものだ」なのです。もしくは、「男とはそういうものだ」。

例えば、私が入社してトラックの運転手を始めたとき、ひそかに驚いたのは仕事に関するマニュアルがないことでした。

「トラックのあおり、倒しておいて」と言われても、「あおりって何だろう？」。あおり、とはトラックの荷台の壁、扉の部分のこと。

「え！　ドライバーやっているのに、そんなことも知らないのか」と、同僚はあきれました。でも、マニュアル一つないのに、素人の私にはわかりようがありません。今後入って来る新人のためにも、説明書を作ったら良いと思うのですが、返事は「運送会社とはそういうものだ」。

一事が万事、この調子。

「この業務は、なぜ今やるのですか？」

「先ほどの、社員への指示の意味はなんですか？」

私が仕事の全体像を把握したい思いでさまざまな質問をします。それは、把握させてもらえれば、指示されること以外に考えて知恵を出して、少しでも会社の役に立つという思いがあるからです。

ところが、社長からの返答はいつも、こんな感じです。

「めんどくせえな」

「説明する必要があるの？　テメエで考えろ」

「お前は言葉づかいが丁寧すぎるんだよ！　だからなめられるんだよ」

荒っぽい言葉づかいはいつものこと。ここでひるんだり、引き下がったりするような私ではありません。

「女にこの仕事が務まるのか」と社員からも遠巻きにされる雰囲気の中、私はなんとか仕事をやっていきたいし、認められたかった。

しかし、「運送会社とは、男とは、そういうものだ」の壁があり、私自身もなかなか思っていることを言葉にできない日々が続きました。

私と社長、私と社員、私と会社をつなぐ何かが足りない。男性と女性だからわかりあえないのか、運送会社というものを知らないから理解できないのか、それとも私に何か人に対する理解が足りないのだろうか。

周囲との距離はどうしたら埋まるのか、当時の私はとても悩みました。

カギは「伝えるためのコミュニケーション」

私以外は全員、男性社員。そんな中にあって、周囲と対等に向き合うためにも、トラックのドライバーを経験しました。

ドライバーという業務は、女性の私には、どうしても体力面できついものがあります。毎日夢中でハンドルを握り、荷物を積み、下ろして、日々を過ごしていました。

グチは決して言うまいと思っていましたが、ある時、ふっと「しんどい」と声に出してしまったことがありました。

すると、そばにいた一人がポツリ、

「ですよね」

その人は、社員の中でも近寄りにくい存在だった人。いつもの彼のノリなら「知るかよ」と言われるかと正直思いました。でも同意してくれた。私なりに精一杯やっていたことを、その人は見ていてくれていたのです。

「あ、これまで弱味を見せまいと思って頑張ってきたけれど、強気に見せて壁を作っていたのは自分の方だったかも。もう少し肩の力を抜いて、みんなに接してみようか」と、ふと思いました。そこから、私から話しかけることが増えて、周囲とも少しずつ距離が縮まっていきました。

現場を知り、お互いに話をすることで、初めて知ることもあります。

都内のある道はとても怖くて、私はいつも泣きながら運転していました。ところが、あるとき、ベテランの男性ドライバーも同じく、その道を走った時に、泣きそうになるくらい怖い思いをしていることを知ったのです。

よく「ヒヤリハット」ともいいますが、運転中はヒヤッとすること、ハッとすることは必ずあります。プロのドライバーは、どんなに交通量が多い道でも曲がりくねた道でも、ヒヤリハットを常に想定し、また、運転席から見えない荷物を考えながら行うハンドルさばきを行い、あらゆるリスクを想定しながら走ります。

安全という当たり前の、でもとても重たい責任感。その重さを無意識にドライバー仲間で分かち合えるようになっていました。

無我夢中だったドライバーとしての1年が過ぎるころ、私は一つの確信を得ました。

男性と女性は違います。けれども、厳しい現場にあって、弱気になったり、乗り越えられないという思いを抱いてしまったりするのはみんな同じ。「違うけれど、同じ」「同じだけど、違う」。これをなんとしてでも乗り越えてわかりあいたい、そう願ったとき、解決の糸口は「コミュニケーション」なのだ、と思いました。

でも、ただコミュニケーションを取ればいいのであれば、問題は発生しません。コミュニケーションには「目的」があるのです。その目的を達成できるコミュニケーションでなければ意味がない。その目的とは「伝えること」。お互いのことを伝えあうことができなければ意味がないのです。

では、どうしたら、「伝えるためのコミュニケーション」が実現できるのでしょうか。私は勤務のかたわら心理学を学び、そのヒントを求めました。

そこから着想を得て、私はオリジナルの社内研修を考案し、実践することにしました。

劇的な効果をもたらしたオリジナル研修

その研修では、まず、全員に簡単なチェックリストに回答してもらうところからスタートします。質問は、例えば「海と聞いて何を思い出しますか?」などごく簡単なもの。3択で一つを回答します。

チェックリスト記入後、集計を実施。スコア別に、A、B、Cの3つのテーブルに分かれてもらいます。

ここで、私はすかさず声かけ。

「さあ、同じテーブルになった人、顔を合わせてみてください。どうです? 話しやすくないですか?」

すると、参加者は顔を見合わせて、照れくさそうにニコニコ。

「では、一番遠いテーブル、どうでしょう? 嫌いではないけれど、ちょっぴり苦手ですよね？　または気をつかう人ではないですか？」

今度は笑いとともに、ハッとしたり、戸惑ったりなどの表情が浮かびます。

３つのテーブルは、心理学に基づく「タイプ別」。「人間は情報の取り入れ方で３つに分かれる」という理論をベースにしたものです。

Aテーブルは「視覚」、Bは「聴覚」、Cは「身体」タイプ。

それぞれの違いを紹介しましょう。

例えば、「コンビニでバナナを買ってきてください」という指示を出した場合。

A「視覚タイプ」は、コンビニの位置を地図で示して見せると、初めて動き出します。明確さを最も大切にし、「見る」ことで情報を取り入れるタイプです。

B「聴覚タイプ」は耳から入る情報が決め手。地図だけではなく、バナナの品種、予算などの細かな指定を聞いてから動き出します。「分かる」ことを最も重視するタイプです。

そして、C「身体タイプ」は「腑に落ちる」ことで動きます。指示だけ聞いて、速やかにコンビニへ。希望と違うバナナを買ってくることも少なくありません。

まったく同じ指示でも、これだけ情報の受け方、行動に違いが出るのです。

どのタイプが良いとか、悪いとかの話ではありません。ただ、人には違いがある、そのことだけでも実感できると、コミュニケーションの目的である「伝えること」が達成されやすくなるのです。

A「視覚タイプ」が、B「聴覚タイプ」に、自分のやり方を基準に指示をしたらどうなるか、考えてみてください。

Bタイプは、コンビニの地図を渡された〝だけ〟と感じて「何も説明がないじゃないか。これでは指示されたことにはならない」と思ってしまうのです。

また、B「聴覚タイプ」が、C「身体タイプ」に地図を渡し、バナナの情報をことこまかに説明したとしたら……。今度は、C「身体タイプ」は「いちいちうるさいな！　わかっているよ」と、とらえてしまうことになるのです。

Aタイプ「視覚優位」

説明を見せる。物事を伝えるとき、映像化した話し方が好ましい。色や形など、見せているような説明を取り入れる。

デザイン性、スピーディーな展開を好む。わかった気になることが多い。


Bタイプ「聴覚優位」

きちんと細かな説明、ウンチク的な説明をする。話を聞いて「うん、わかった」と納得するが、さらに、文章やメモも渡す。

言葉にこだわる。言葉を重視した説明を好む。理論的な展開を好む。理解した気になることが多い。


Cタイプ「身体優位」

実行あるのみ。「とにかくやってみて」と実行させる。

「香り」や「おいしい」など、五感に訴える表現や擬音での表現が良い。感覚に落とすまで時間がかかる。出来る気になることが多い。

社内に起こった変化

この研修を行なった後、一時期、我が社では、３つのタイプによる配車体制を行いました。

すると、まず、指示をする側に変化が現れたのです。

「あのドライバーは、研修でBテーブルだったな。聴覚タイプだから、配車の指示はなるべく細かく説明を行うようにしよう」というように。

すると、今度は指示を受ける側も気づき始めました。

「あの配車担当は、今まではあそこ行け、ここ行けって横柄な感じだったけど、最近は丁寧に説明してくれるようになった。俺がBテーブルだからか。そういえばあの人はCだった。身体タイプが、俺に気をつかってくれているんだ」

こうなると、社内の空気は一変したのです。業務の厳しさもあり、緊張感でピリピリした雰囲気が、どんどんやわらいでいったのです。

現在、この研修は、他社からも大変人気のあるプログラムになり、運送業界はもちろん、女性が多い業種の企業からも引き合いがあります。

ちなみに、女性の場合は、「相手を思ってやったことなのに、どうしてわかってくれないの？」というトラブルが多いようです。これもまた、研修を経ると、「あぁ、だから、あのタイプには、私の思いが通じにくかったんですね」と納得してもらいやすくなります。

ポイントは「違いを認め、受け入れ、活かす」こと

３つのタイプを知る研修は、一つのツール、道具にすぎません。この道具を使って、「自分と人は違うこと」を、まず実感することがスタートです。

私たちは日々の生活の中で、相手は違う人間だということを、意外に忘れてしまいます。だから、自分と違う反応が返ってきたり、無意識に期待していた態度でなかったりすると、たちまち怒りや不安を覚えてしまう。コミュニケーションに問題が発生するときは、ここにほぼ原因が集約されます。

だから、相手の反応が、自分の期待とは違っても、それを否定するのではなくて、まず受け入れること。そして、その違いを活かしていくことです。

研修の例でいうと、AタイプもBタイプもCタイプも、お互いの違いを認め合い、相手のやり方を受け入れる。そして、その特性を活かして、上手にコミュニケーションがとれれば、スムーズに業務は流れ出します。

ただ、最初は、人を受け入れるために「相手に対してスポンジでありましょう」と話していました。

でも今は「自分と人が違うことを受け入れましょう」と伝えています。相手をそのまま受け入れようとするのではなくて、相手と自分と違うことを、まず受け入れる。そちらの方が、自分自身に、より無理が生じないからです。

3タイプの全員が、ありのままの自分でいることができたら、それぞれ居心地が良い。一人一人の居場所が生まれて、職場の空気が円滑になるのです。

「違いを認め、受け入れ、活かす」。そこには、国籍、地位、年齢も関係ありません。コミュニケーションの極意であり、私の講演や研修の一貫したテーマでもあります。

男女の違いも、上手に認めてスムーズに

運送会社に入社して、周りは男性ばかり、唯一の女性。この立場にあって、男女の違いをどう「認め、受け入れ、活かすか」ということは、大きな課題でした。

経験と学びを通じて今断言したいのは、男性にはどうしても勝てないことがある、と女性がまず認めることが大事だ、ということ。今の時代は女性も男性と同じように仕事で収入を得たり、出世したりすることも珍しくありません。一見平等ではありますが、やはり、男女は違います。

その意味で、ドライバーの経験は決定的。重い荷物は持てないし、体力、スタミナ面もどうしてもかないません。

例えば、酒屋さんへの空き瓶の回収の仕事。空のビール瓶ケースを男性社員は5段6段重ねたまま、当たり前に持って運びます。一方、私はどう頑張っても最高2段持ちが限界。荷下ろしの現場で、鼻であしらわれた場面もありました。

ただ、その反面、女性だからこそ出来ることも数多くあります。例えば、「男性を支える」こと。それは女性こそふさわしいと気づいたのです。

「ザ・男社会」に生きる男性こそ、「強くなくてはいけない」という思い込みが強いもの。その鎧（よろい）を安心して外せるための雰囲気や機会づくりは、女性こそ得意なのです。

運送会社は厳しい業界です。肉体的にも精神的にも決してラクな仕事ではなく、社員も毎日必死です。でも、そこを私はあえて話しかけます。

厳しい表情の社員でも、フタを一つ開けると、奥さんをとても大切にしていたり、子どもが歩き始めたんだと言って動画を見せてくれたり、優しい顔がのぞきます。鎧を外していいんだ、という雰囲気づくりが、この会社での、私の大事な仕事の一つです。

「男性を支えること」。それは、もしかしたら、現在、第一線で働いている女性には、なかなか受け入れがたい考え方かもしれません。

でも、「男性には勝てない」のではなくて、「勝てないところがある」。そこを受け入れて、男性を支える女性になる。本来、男女とも、こうしたあり方こそがありのままでいられる心地よい関係なのではないでしょうか。

コワモテ社長の言動に対しても、私は最初、ひそかに批判する部分がありました。「あんな言い方して！　だから社員は怖がってしまうんだってば」と思うことがよくありました。

10年近く経った今はそうは思いません。社長には、社員に向けて男性ならではの「立ち方」があり、そして、それは女性の私には決して出来ないことだとわかっているからです。ありのままの社長を支えること。それが私の役割だと考えています。

男性を尊敬して、女性は美しく！　しなやかな「男尊女美」でありたいですね。

「初心」を忘れないために

会社では、ドライバーが出かけて行くときは「行ってらっしゃい」と声をかけます。そして、帰ってきたら「お帰りなさい」と笑顔で迎えます。「お疲れ様です」は使いません。

口に出しては言いませんが、そこには、もしかしたら帰ってこないかもしれない、という切実な思いと、安全に仕事を遂行してほしいという祈り、無事に帰ってきたことに対する感謝を込めているのです。

運送会社である限り、現場での事故の可能性は決して避けられません。ドライバーが毎日無事故無違反で、安全に帰ってくることは当たり前。と同時に、決して当たり前のことではないということも、私は知っているからです。

最近はバレンタインデーに、私から手書きのメッセージカードをつけてチョコレートを全員に配ります。

毎日の「行ってらっしゃい」と「お帰りなさい」と同じように、そこには「当たり前」を支えている、社員たちの見えない努力に対する感謝と労わりが込められています。

あいさつやカードで言葉に表現すること。それも伝えるためのコミュニケーションです。

過去には、事故が起きてしまったこともあります。

「専務、すみませんでした！」と頭を下げるドライバー。当事者の落ち込みは目も当てられないほどです。

ただ、私は、あえて厳しく問いました。

「何がすみませんなの？」

「会社に悪いことをしてしまった。商品を潰してしまってお客さんに迷惑をかけたし、仲間にも悪いことをしてしまった」

「それ、本当ですか？　あなたにとって、何が、本当に悪いことですか？」

「……」

会社や関係者、仲間に悪いと思う、その気持ちは本当にあると思います。でも、本人にとって一番悪いことはほかにあるのです。

それは、最初にこの仕事を選んだときの目的が達成できなくなること。

「好きな人がいて、結婚資金づくりのために」

「子どもが生まれて、生活のために」

「家族を守るために」

だれもが、最初にハンドルを握ったとき、この仕事を選んだときの「初心」があるのです。事故で、その初心を達成できなくなること。それが本人にとって一番悪いことなのです。

朝ハンドルを握るとき、いつも立ちかえってほしいのは「初心」。事故を起こさないように、と思って、その日の運転を始めないでほしいのです。

その日、無事に全員が帰ってくるためには、こうした厳しい話もあえてします。

それもまた、伝えるためのコミュニケーションです。

第2章
経営者の悩みの9割は研修不要です

ハマダ流　働き方改革ポイント　その2

自分が変われば社員が変わる

やる気がない、ついてこない、すぐ辞めるなど、社員の問題は、ほぼ全て経営者自身の心の合わせ鏡。内省なくして、問題の解決はありません。忙しいほど、経営者は一人になる時間を大切に持ってください。

常に「内省」と「現場」を忘れない

内省の時間のほか、経営者に必要なのが、現場の情報が入っていること。時に、厳しい批判もあるかもしれませんが、結局、その二つが、自分の偏りを検証できる大事なファクターになるのです。

磨くべきは「伝え方」の技術

経営者は本来の願いと理想（初心）をいつも忘れないようにすること。理想の共有が社員をひきつけるのです。理想を共有するためには、押し付けではなく、上手に伝える必要があります。何よりも伝えることに情熱を注ぎ、技術を磨きましょう。

こんなとき、セミナー依頼をお断りします

昨年、これまでの現場での実体験は多くの人にきっと役立つだろうという思いから、研修やセミナーを通じて社員教育のコンサルティングを行う「ＨＭＤ」(Human Mental Design & Development) を設立しました。

ありがたいことに、同業者だけでなく、他業種からも講演やセミナーの依頼があとを絶ちません。現在は、会社の業務と調整しながら、受けられる限り、各地に出かけています。

どの依頼も喜んで基本的には受けるのですが、なかには、お断りをすることがまれに発生します。なぜかというと、会社の課題について少し聞くだけで、「今、この会社に必要なのは社員向けの教育ではないな」と思うことがあるからです。

そのように考えられる場合は、「社員を相手にお話をするよりも前に、経営者ご自身が気づくべきこと、着手すべきことがありますよ」と正直に言って、セミナー依頼はお断りをします。

この章では、経営者から寄せられる〝よくある悩み〟や、これまで実際に受け

た相談から、私の回答例を紹介しましょう。

悩み①「社員にやる気が見られない。ちゃんと気をつかえない人が増えている。社員教育でどうにか改善したい」

少し考えてみましょう。ここで、あなた自身が考える「やる気」とはどんなものでしょうか。「社員がちゃんと気をつかっている」場面とはどんなシーンでしょうか。まずはそこを、じっくり、「正直に」掘り下げてください。

あなたが考える、社員のやる気、モチベーション、配慮、心くばり。

イメージでは、朝、大きな声と笑顔であいさつをしていることかもしれません。会社での勤務態度ではなく、売り上げの数字そのものかもしれません。または、会議での積極的な発言や、深夜まで残業している姿でしょうか。気をつかえる、という意味では、例えばお客様の前で気の効いた振る舞いができたり、ここぞという場面で上司を立てたりということも考えられます。

ただ、こうした場面は職場の中では限定的で、表には出さない社員もいます。いや、むしろ、あなたのイメージ通りのやる気や気配りを示す社員の方が少ないかもしれません。

あなたが日ごろ足りないと思っている、社員のモチベーション。実は、自分の理想や願望に過ぎない可能性が高いのです。いや、高いというより、ほとんどそのものです。

社員の本来の姿を、自分の色眼鏡なしで、見ることは本当に難しいことです。私の会社の例でお話しましょう。私の職場では、朝出かけて行くドライバーには「行ってらっしゃい」と声をかけます。帰ってきたら「お帰りなさい」。

もちろん、道中、荷積みの報告のやりとりなどで連絡はあります。ですが、「行ってらっしゃい」から「お帰りなさい」の間、その日一日のドライバーの全てを知ることはできません。

例えば、走る道路で、どんなことがあったか。学校帰りの子どもたちが多い道を走って、どんな配慮をしたのか。あるドライバーは極力スピードを落とし、微笑みかけたかもしれません。別のドライバーは、「危ないな、早くどけ」と怒鳴ったかもしれません。

どのドライバーも、当たり前に無事故無違反で帰ってくるのではありません。その人なりの、業務に対するさまざまな配慮があり、気づかいがあり、努力があって、はじめてその日の無事が達成されています。

神経をすり減らした一日を終えて「お帰りなさい」と迎えた瞬間に、笑顔になる人もいれば、疲れが隠せない人もいます。

声をかけた私としては、せめて少しの笑顔でも返してほしいと思う。でも、笑顔でないとき、ただいまの返事が帰ってこないときもあります。そんな場合、私の頭がフル回転します。

何かあったのか、ただ疲れただけなのか、今、私が声をかけた方がいいのか、放っておいたほうがいいのか。それとも私は知らんふりして、ほかの社員に任せたほうがいいのか。

日ごろから表現が素直な人もいれば、決して表情や態度に出ない人もいます。全員の小さな変化は見逃すまいと、全神経、全エネルギーを使って、社員の表面だけでなく、その一日の中身に思いをはせるのです。

笑顔で帰ってきてほしい、ただいまと言ってほしい。それは私の、社員と会社に対する思いの現れです。けれども、それに対して、期待通りの反応が返ってくるかどうかはわからないのです。

やる気、モチベーション、気づかいなど、あるべき姿を社員に求めるとき。それらは、実は、経営者自身が、理想やイメージにとらわれていることがとても多い。あなたが問題と思っている社員は、自分の理想とは違う形でのやる気を持っているかもしれないことを、今一度よく考えなくてはなりません。

表面にとらわれず、社員の心の奥にあるものに、思いをはせることができるかどうか。地味で目立たない、わかりにくいタイプの社員を平等な視点で評価できるのか。それらを経営者は問われます。

指導は「付け足しの発想」で

そのうえで、やる気が見られないと思う社員を指導するとき、おすすめの指導法があります。

それは、「否定するのではなく、その人に付け足すという発想や言い方」というやり方。ただ単に否定の言葉だけを使うと、社員の全否定につながってしまいがちです。でも、「ここに○○を足すといい」という発想に基づく言い方だと、社員のこれまでを否定することにはならないからです。

この発想で、「やる気が見られない、ちゃんと気をつかえない」社員への指導を考えてみてください。そこに、何を付け足すと「やる気、気づかいがある人」という評価にできるのでしょうか。

ここでは、あなた自身の、具体的な言葉が求められてきます。具体的な答えを持たない経営者が、社員に「やる気を見せろ」と言っても、無理な話だということがわかると思います。

また、会社全体から、その社員の姿を見ることも大事です。

例えば、我が社は運送会社なので、「僕は運転の仕事だけしていたいんです」という人がいます。その言葉尻をとらえて、協調性がないとか、仕事のやる気がない人と思ってはいけないのです。その社員は、運転技術はほぼ完璧。ドライバーの現場で大いに職務を全うしてもらえばいいのです。

会社はピラミッド。リーダーシップに長けた人が頂点につきます。でも、一方で、ついていく社員としての「長け方」があります。トップで色々な指示を出すことが役目の人に、ドライバー業務をお願いしても、会社の業務は成り立ちません。

お互いがいるから、それぞれ適性や好き嫌いにあった仕事ができるのです。ピラミッドはピースが組み合わさって形が完成します。我が社はまだ「作成中」。完成した時は、ピースの全員が評価されるべきだと考えています。

「社員のあり方」を問うときは、まず、自分のあり方を洞察しなくてはいけません。自分の理想で相手を批判していないかどうか。また、個人のピースではなく、会社ピラミッドの全体を見ているかどうか。今一度、自分の中で検証しましょう。

悩み②
「もっと業績を上げたいのだが、社員がついてこない」

厳しい企業間競争が強いられるなか、なんとか売り上げを伸ばしたい、業績をアップさせたいと願わない経営者はまずいないでしょう。会社の経営を預かる身としては当然のことですし、またそれが課せられた役目。「業績アップ」こそが命題です。しかし、ここでも問われるのは、業績とは何か、ということ。データだけを見て判断していないでしょうか。

そのヒントは現場にあります。だから、業績をアップしたい、と願う人は、まず現場をよく見てほしいのです。社長や役員など、そうは足を運べない人も多いでしょう。その場合は、せめて、情報を吸い上げる仕組みにしておく。どんな企業でもやれば出来ることです。

「それはすでにやっているよ」と答える人もいるかもしれません。

でもここでいう現場とは、データや売り上げの数字のことではありません。

例えば、データ上では、決して芳しくない数字の社員がいるとします。でも、その社員は、毎日フロアや共有スペースを掃除している人かもしれません。オフィスが整理整頓されていることで、ほかの社員は気持ちよく働いているとしたら……。

それは一つの「業績」です。一般的にも、業績の良い会社は、整理整頓されたオフィスであることが多いとよく言われることでもあります。

あなたの会社は、「Aさんは、毎日見えないところの掃除を欠かさないんですよ」という報告が上がってくる体制になっているでしょうか。

社長が忙しくて年に一度しか現場に行けない場合でも、その一度の訪問時で「あなたが、毎日掃除をしているという方だね」と言ったら、きっとAさんは感激するでしょうし、その周囲の士気も上がります。

私がこうしたお話をすると、「それだけで業績が上がるなんて甘い考えだ」と反発される方もいます。もちろん、ビジネスの世界で数字が示す結果は避けられません。

けれども、数字やデータと同じように、社員の行動も何らかの評価としてカウントできたとしたら、それだけあなたの経営者としての視点が広いということになります。ふところが深いリーダーには、現場はおのずとついてくるものです。

業績を上げたければ、何を持って「業績」とするのか。まずは現場に足を運んで、そのヒントを見つけましょう。

悩み③「社員がやめないようにしたい」

最近はとても増えている悩みです。人材不足の中、優秀な人を確保すること、働き続けてもらうことは企業の存続に関わること。運送業界にある我が社も例外ではありません。これから悩みの根本を探っていきましょう。

このことを相談されるとき、私が最初に返す言葉はいつも同じです。

「なぜ、社員を辞めないようにしたいのでしょうか？」

返ってくる返事は人それぞれです。売り上げが減るから。会社が安定しないから。忙しいのに、採用や面接が面倒くさいから。理由はさまざまにあります。

では、「辞められたら困る」と思う理由の根本には何があると思いますか。実は、経営者自身の「不安」です。どんな理由も不安につながっている。そこがわかれば、打つべき手が見えてくるのです。

ある経営者に、私は問いました。

「なぜ社員が辞めると、ダメだと思いますか？」

「会社を安定させたいからですよ。それにいちいち求人を出して、面接するのも大変です。時間もコストもかかります」。

「なるほど。たしかに採用面接は大変ですよね。でも面接が大変なのは、何がダメですか」

「せっかく面接しても、また辞められたら面倒です」

「なぜですか？」

「なぜ、か……」

その経営者はしばらく黙りました。そして、ハッとしたように言ったのです。

「面接で、本業の時間を取られたくないのです」

社員が一人辞めたら、本業の時間が取られる。それが、その方の「不安」でした。その不安を裏返すと、「本業に専念したい」という、本来の思いに突き当たります。

「社員がやめないようにしたい」という思いの裏には、本業に専念したいという理想がある。それは、社員でも会社でもなく、その人自身の思いでもあります。

決してそれは悪いことではありません。ただ、この経営者が、この自分軸で「辞めてほしくない」と言っているとわかっているかどうか。そこは大きな違いになります。

この人が、会社のデスクで「また面接しなくては。面倒だ」と、思わず漏らしてしまったとしましょう。

それを聞いた社員は、いい気はしません。自分だって、その面倒くさい面接を経て雇用されているからです。その人が社員を大事に思っていないと感じ、「社員を稼ぐだけの労働者と思っている。自分だけラクをしたがっている」という評価になるかもしれません。

でも、そこで、「私は本業に専念したいんだ」という本来の思いを言えたなら。もしくは、せめて、その気持ちを、社員が汲み取ってくれる雰囲気を普段から培っているのなら。「面接が面倒だ」というひとことは問題にならないでしょう。

社員一人一人も、本来は安定したいもの。最初にこの企業で働き始めた理由がありまず。お互いの、本来の理想が表現され、合致している間は、社員が辞めることはまずありません。

経営者は、社員を鏡にして、自分の不安と理想、社員をどれだけ大切にしているかが、常に問われているのです。人材育成は決して手を抜いてはなりません。社員を全力で大切にすることです。

社員を丁寧に叱ろう

自分が社員を大切にできているかどうかの基準は、本気で社員を叱ることができるかどうか、です。「相手を思って叱っているか」で、最後に信頼を勝ち取るかどうかが決まります。

「怒る」と「叱る」は違うもの。「怒る」は、自分の怒りの感情をぶつけるだけ。認めたくないかもしれませんが、自分のストレス解消に、部下を使っているかもしれません。

次の項目に、自分の感情が当てはまっているならば注意しましょう。

- 良くできているところよりも、悪いところが目についてしまう
- 自分にゆとり、余裕がない生活をしている

・面倒くさいと思っている
・自分が言わなくてもわかっていると思う
・自分よりも相手が目立つとイヤだと思う
・自分の方が上だ

いずれかに当てはまる時は、感情の方が上回っています。経営者は常に自省が求められているのです。

では具体的には、どのように振る舞えばいいのでしょうか。次の悩みにからめてお話ししましょう。

悩み④「自分の思いが社員に伝わらないんです」

多くの企業を訪問し、さまざまな経営者にお会いする機会が増えてきました。

そのなかで「ああ、信頼できる方だな」とか「素敵だな。きっと人望も厚いだろう」と感じる方には、概して共通点があります。

それは「話が肯定的だ」ということ。

もちろん言葉が少ない方や、話し方に上手下手はあります。でも、皆さん共通して、話がポジティブで面白い。話を通じて、安心感と信頼感を感じさせてくれるのです。

なぜ話が前向きだと、その方を信頼できるのでしょうか。私なりに理由を考えてみました。

それは、話を通じて、相手を認めていることを「伝える」からだ、と気づきました。

社員に思いが伝わらない。

そう悩むとき、伝えるべきは、自分の思いではありません。「社員を認めていること」。それを伝えることが先なのです。そこを間違えるから、相手に伝わっていないと感じてしまうのです。

相手に信頼される話し方とは

相手を認めていることを、話の中で伝える。ある程度はテクニックもありますが、次の項目が出来ているかどうか、まずはチェックしてみてください。

自分での振り返りが難しいと感じる場合は、いいなと思う人、心地よく話ができる人を例に考えてみましょう。きっと多くが当てはまります。

・「笑顔」　相手をきちんと見る。相手を感じる
・「あいさつ」　あいさつはもちろん、「プラス一言」の心がけができる
・「話を聞く」　きちんと相手を見る。事柄の裏にある感情をキャッチする。わからなかったら質問する
・「共感する」　同情と共感は違う。自分の言葉で相手に返す
・「ほめる」　具体的にほめ、その人以外の人にも伝える
・「アドバイスする」　アドバイスするものが「気持ち」か「事柄」かをハッキリする。相手にプラスになることを言う
・「注意する」「指摘する」　言われたときの相手の気持ちを想像してから注意する。相手に受取りやすいボールを投げる

・「信じる」　うまくいかなかったとしても、次を期待する
・「失敗を許す」　どうして失敗したか、一緒に考える。次はどうしたらいいかという点も、一緒に考える
・「自分の本音を言う」　自分の本音をつかんでいる。自分の意見として伝える
・「遅くても待つ」　人は皆、それぞれのリズムがある。その感じ方や深さは違うことがわかっている

決して難しいことではありません。あなたの言動の振り返る時に参考にしてください。

悩み⑤
「女性社員が働き続けるためにはどうしたらいいんでしょうか」

どこの業界でも女性が活躍するようになりました。女性の管理職も増えていま

す。女性が長く働き続けるためには、出産や子育て中でも勤務しやすいように、制度やシステムなどの整備も必要です。

こうした取り組みの一方で、今一度考えてほしいことがあります。

経営者が、何のために女性を雇い、また働き続けてほしいのか、ということです。その会社で、女性に何をしてほしいのか。そこを明確にしておかないと、ただ単にイメージ作りのために女性を多く採用しても、結局人材として生かし切れなくなります。

大切なことは、根源的な男女の違いを良く知り、それぞれを活かすことだと考えています。女性が特性を活かして働きやすい場は、男性にとっても働きやすいのです。

「女性は使えない」、そんなふうにひそかに思っている男性も、残念ながら少なくありません。運送会社という男社会の経験上、私にも身に覚えのあることです。

それは、事実です。たしかに、重い荷物は持てないし、体力や運転の技量ではかなわないところがありました。事実の部分は認めつつ、今の私だったら、「使えないではなく、使って見せたら？」と言います。

すると男性は奮起して、女性の人材を活用するのです。やって出来ないことはありません。女性だから、その人だからこそ出来る、細やかな気配りなど、どんな現場にも必ず出てくるのです。

例えば、私が入社してからは、事務所の一角に歓談スペースを作るようにしました。雑談できる雰囲気にするため、お菓子も必ずそこに用意しておくのです。歓談スペースはなくても仕事ができるし、お菓子はなくてもお話はできます。でもさりげなく雑談しやすい雰囲気は、職場のムードを和やかにしてくれます。女性はこうしたムードづくりは得意ですが、男性ばかりの職場ではこうした発想にはならないでしょう。こんな小さなことも、女性ならではの発想、心遣いといえるのではないでしょうか。

補足ですが、ここでお互い気をつけないといけないのは、色恋を持ち出しがちなこと。女性側に、自分を活かしてくれる男性に好意をもってしまうケースが特に多いようです。もちろん、人間だから、恋愛感情を持つことはあります。

いつも立ち返りたいのは「本来の目的」。男女ともに、その職場にご縁があった時の初心を忘れてはなりません。それは恋愛ではなく、仕事なのです。女性が、男性とは違う目線で職場に臨み、「女性だから、私だから、気づけた」ということを積み重ねていくこと。それが、かけがえのない、その人だけの居場所を作っていくのです。

「企業は人なり」、人とは「経営者自身」です

「企業は人なり」といいます。その企業で働く人を見れば、その企業が、どんな会社かわかります。素晴らしい人材がそろい、社員がキチンとしている。そんな会社は組織としても素晴らしいと思います。でも、それだけが大切なことでしょうか。

私は「企業は人なり」の「人」とは、経営者自身だと考えています。経営者のあり方が、その会社のあり方。経営者は、社員をどのくらい大切に出来ているのかが問われているのだと思います。

私がよくお話するのは「タネをまくなら畑を耕す」。タネとは社員、畑とは経営者の器。耕した広さにしか、タネはまけず、また育ちません。厳しいようです

が、経営者は器を広げ続けなければなりません。

ところが、その人自身がどんなに素晴らしい人柄であっても、立派な考えや目標、夢を持っていたとしても、それが社員に浸透していなければ意味がありません。

この章では、経営者サイドの「よくある悩み」に即して回答しました。どの悩みにおいても、経営者に常に問われることは二つです。

「その自分の考えは本当にこだわるべきことか。自分軸に偏っていないか」

「言葉で伝えているかどうか。真に伝わっているかどうか」

こだわりは人に支持され、結果が出てこそが本物です。自分の理想や願望を、一方的に社員に押し付けていないか、独りよがりではないか、常に自問する。その姿勢がある経営者には、必ず社員がついてくるのです。

第3章

私のコミュニケーション革命

ハマダ流　働き方改革ポイント　その3

「原点」が分かれば、自分の行動の意味が分かる

意識するしないに関わらず、人には行動を起こすための原点があります。私の場合は「父から認められたい」という思いだったり、「シングルマザーとして立派に子どもを育てたい」でした。自分の原点は「働き方」「生き方」を左右します。どう働きたいのかを考える時は、原点を見つめるところからスタートしましょう。

「本来の目標」と合わせて、行動を決めていく

働く上で一番大切なのは、本来の目標と理想。ここが意外に自分の思いグセなどで、ブレてしまうのが人間です。徹底的な自問を繰り返して、本来の目標を見据えれることで、取るべき行動が見えてきます。

人との出会いを意識して作る

忙しい毎日を過ごしていると、意外に、人との出会いは狭まって来るもの。人との出会いは意識して作ること。今まで出かけたのない場所、会ったことのない世界の人に、あえて出かけ会いにいく。それがあなたの資産になります。

「やんちゃ」だった生い立ち、軍隊よりも厳しい学校へ

私の出身は四国の徳島県。当時、県内では唯一の存在として名を知られた、コーヒー豆の焙煎店「さんじぇるまんコーヒー」と、レストランを営む父と母のもと、一人っ子として生を受け、育ちました。

私は元気で活発な子どもでしたが、実は、父親の方が「元気」で地元では有名な存在。若い頃はケンカで電車を止めてしまったり、当時誰も乗っていないような外車を乗り回したり。悪人というわけではないのですが、派手で豪快なエピソードが絶えない人です。当時、地元では「濱田」を名乗ると、「あの濱田さんの娘さんね」でした。その一方で、母は昔気質で、「耐え忍ぶ女」だったのです。

「こんな家族はイヤ！」

思春期に差しかかると、私は、家に帰ってこない父親がイヤで反発するようになりました。私の理想の家族像は「サザエさん」。学校から帰るとおやつが待っていて、夜は食卓を囲んで一家団らん。そんなほのぼのとした家庭に憧れていたのですが、実際は、父の奔放ぶりに、母が泣かされ、私がその間に立って、母をなだめたり、フォローしたりと気をつかう生活が続きました。私は「大人の事情」に通じて、耳年増な子どもに育ちつつありました。

この環境はあまり娘に良くないと、母は思ったようです。中学から、私は一人娘ながら親元を離れて、高知県のM中学高等学校へ進学することになりました。ここは、「徳・体・知」を掲げ、甲子園にも連続出場するなど、スポーツや部活動で全国的にも有名な学校です。

高知市内から車で30分。県指定自然公園の、半島の先にある全寮制です。最初校舎を見た時は、文字通り、陸の孤島だと思いました。ここで、私は、軍隊よりも厳しいといわれる集団生活を送ることになったのです。

お小遣いなし、お菓子なし、雑誌なし、ケータイ・電話なんて、もちろんなし。朝は午前6時30分起床。点呼、朝礼、朝食を済ませて、授業へ。昼食のあとは午後授業。そして、部活動、夕食、夕礼、自習、点呼、消灯。この繰り返しで6年間を過ごします。また、生活のあらゆる場面で、上級生が優先、食べ方にもお風呂の入り方にも厳しいルールが決められていました。

今では思い出すと笑ってしまうのですが、「便風呂」という秘密の習慣もありました。中高6年間の一貫校で、下級生は、先輩優先でお風呂にろくに入れないので成長期で汗クサイのです。ところが、4年生以上は、不思議と、いつもこざっぱりしているのです。それはなぜかというと、先生に隠れて、トイレの水をバケツで汲んで、体をふいていたから。それを生徒の間では「便風呂」と呼んでいたのです。それもなぜか、4年生以上にだけ許された「特権」だったのです（あ、今はどうなっているか知りません。在校生の皆さん、もし良かったらこっそり教えてくださいね）。

テニス部で全国制覇

そんな中でも、私はちょっと目立つ存在。中学ではテニス部に打ち込みました。平日は毎日部活があり、土曜、日曜、祝日も朝から晩までラケットを振り、走りこむ生活。顔は日焼けして真っ黒でした。

そして、私が3年生のとき、テニス部は団体で全国大会優勝を成し遂げたのです。でも3年間一生懸命努力して全国制覇までしたところで、私の情熱はスーッと消失してしまいました。

「なんかもういいかな」と、急に生活

も態度も投げやりになってしまいました。

また、校則に縛られ、軍隊さながらの厳しい環境が、どうしても我慢できなくなってきてしまいました。大人になった今なら、団体生活に規則がなくては困ることは理解できます。でも当時は「校則でわざわざ縛られなくても、私はちゃんとやれるのに」という思いが強く、規則やルール、決まりごとがとにかく嫌でたまりませんでした。

そこで、中学を卒業するときに「学校をやめて、徳島に帰りたい」とお願いしたのですが、それを聞いた父は激怒しました。

ある日、「帰ってくるな！ 帰ってきたら勘当するぞ」という手紙が届いたのです。「勘当、ってなんて読むの？」と、のんきな私は辞書を引いて、「親子の縁を切ることだって。パパったら、ひどい」というような始末。

中学を終えて帰省した春休み、髪をバッサリとベリーショートにしました。私なりの覚悟でした。

脱走事件で無期停学

ふてくされながら高校入学。ベリーショートの髪で春休みに家から戻り寮の食堂に入っていくと、

「あれ、濱田がなんか頭を丸めたぞ！」

「なんかやったのか？　あいつ」

と男子がざわざわと騒ぎました。

ふてぶてしい態度で、すでに校内では問題児としてのレッテルを貼られた私は、バレーボール部へ入部しました。そこしか受け入れてくれるところがなかったのです。

当時のバレーボール部は規律も厳しく洒落っ気ゼロ。華やかで男子生徒からも注目されていたテニス部と違って、「女子としては最悪」といわれた部でした。当然、入部したところで面白くはありませんでした。

「なんかホント、毎日つまんない！」

「ムカつくことばっかりだよね」

「そうだ。学校、抜け出しちゃおうよ」

ある日、私は仲良しのBちゃんと話している間に、脱走することに決めたのです。

脱走計画の決行は平日、日中。敷地内に住んでいる先生たちは全員、各自受け持ちの授業で出払っていました。そこで、人目につきにくい授業と授業の合間、休み時間を使って脱走を企てたのです。

学校の広大な敷地の外に出て、まずはヒッチハイク。最初の1台は簡単につかまりました。

「高知県内のおばあちゃんのところへ行くんです」

とBちゃんが話すと、特に怪しまれることもなくスムーズに行きました。

「うちのおばあちゃんは学校に言いつけたりしないから大丈夫よ」とBちゃん。

さらにヒッチハイクを乗り継いで、Bちゃんの祖母宅に無事に到着しました。

「本当に来れたね」

「うん。よかった。おばあちゃん、待っているかな」

ガラッと玄関を開けて、言葉を失いました。

担任の先生が仁王立ち。あえなく「御用」です。たった7時間の脱走でした。

学校に連れ戻され、こっぴどく叱られた上、私は無期停学となりました。ちなみに一緒に逃げたBちゃんは自宅謹慎。私はなぜか目立つところがあるようで、同じことをしても、私の方が問題児扱いになることは、それまでにもよくありました。このときもとても悲しかったのを覚えています。

処分期間中は毎日、反省文を書いて、学校に郵送しました。でも、一番つらかったのは、誰よりも負担をかけたくない母が、学校の教育センターといわれる施設に３日間通って、食堂の作業をするはめになったこと。本人ではなく、母に迷惑がかかり、これは私もひどくこたえて泣きました。

やんちゃの本家（？）、父は「学校を脱走するなんて、根性あるなあ。よくやった」などとのんきに言ってくれましたが……。

親も先生も友達も、びっくりさせるような行動が続いた高校時代。

今思うと、ああ、ハズカシイ……。

でも、私は私で、いつも自分の本当にやりたいことがわからなくて、イライラしていました。今では、ハッキリそのいらだちの、その奥に何があったのか、わかります。でもそれは、心理学を学んだずっと後のことです。

当時は自分の苦しさを感じながら、何がつらいのかもわからず、友達と遊んだり、大人に反発したりしながら、日々を過ごしていました。

航空会社勤務を目指して上京

明徳義塾高校の修学旅行は中国・北京へ。当時、高校の修学旅行先としては初めてのことで、全国ネットの朝の情報番組で紹介されました。

友達とはしゃぎながら、初めての飛行機へ乗り込みます。

すると何やら男子生徒がそわそわしているのです。なんだろうと思って見ると、視線の先にはキャビンアテンダントの姿がありました。男子たちは何やら舞い上がって、話しかけたり、写真を撮り始めたのです。

その様子にあきれながら、「そうか。キャビンアテンダントって、目立つんだ。英語も話して、サービスも丁寧で、ステキ」と私。

修学旅行から帰ってからも、その姿はとても心に残り、「そうだ。私も航空会社に就職したい！」と将来を夢見るようになりました。

高校卒業間際のこと。私は、ある大学の推薦を受けられるはずでした。ところが、推薦を受けるために必要な書類の提出期限を逃してしまったのです。先生には「濱田は推薦を放棄した」と思われてしまい、フォローはありません。気づいた時はすでに手遅れでした。

「あなた、一体、どうするつもりなの？」

と、母は泣きました。

そこで、なんだかんだいっても一人娘を手元に置きたい父母の強い希望で、四国のある女子大を受験させられました。

受験した次の日。合格者は地元紙に名前が載ることになっています。朝、いそいそと新聞を開く母。その手が止まりました。

「ない……」

それもそのはずです。答案用紙を白紙で提出したからです。

実は、推薦に落ちた時点で、渋谷にあるキャビンアテンダント養成専門学校に、ひそかに自分で入学願書を送っていました。ここは書類選考のみの学校で、すでに入学許可をもらっていたのです。さすがの両親もあきらめざるを得ない状況でした。

さあ、全寮生活も四国も親元も離れ、晴れて上京しての一人暮らし。「好きなときにお風呂に入れる」「お菓子を自由に食べられる」と解放感いっぱい。6年間の寮生活に比べると「世の中ってなんて自由でラクなんだ！」と、毎日喜ぶというよりも驚いていました。

専門学校の2年間は、面白くてたまりませんでした。授業は、英会話、立ち居振る舞い、マナー、言葉遣いなど、かなり実践に近いものでした。

憧れの航空会社に入社して、空港に制服を着て立っている自分。それをいつもイメージしながら、私は嬉々として取り組みました。

また、航空業界で必須の「スリーレターコード」という、空港を示す3文字のコードも、完璧に頭に入れるようにもしました。

2年後、その努力の甲斐あって、念願だった国内航空会社に入社。空気圧に対する体質の関係で、グランドホステス（地上職）として勤務することになったのです。

接客のプロとして経験を積む

いよいよグランドホステスとして、羽田空港勤務がスタートしました。

空港のカウンターは、いろいろなお客様が利用します。

飛行機を定刻通りに出発させるためには、お客様を時間通りに集客し、搭乗させなくてはいけません。

天候不良時は特に大変でした。雪や強風などでリターン（出発空港に戻ること）をするときは、代替機の案内を次々にしなくてはなりません。最終便の場合は他社便も含めて翌朝の振替便とともに、その夜の宿泊先も案内します。そのほか、深夜バスの状況を調べてお知らせしたり、赤ちゃん連れの方には必要に応じて、自社グッズや部屋の提供を提案したり。

お客様はとにかく急いでいるので、不安だったりイライラしたりしています。プロとしては、相手の立場に立って、すみやかに変更提案をいくつも提示していかなくてはなりませんでした。

たくさんのお客様をさばきながら、同時に金銭管理も一円足りとも狂うことは許されません。

こちらの対応に対して、声を荒げたり怒鳴ったりする方もなかにはいましたし、逆に、涙を流して喜んでくださったり、温かい言葉をかけてくれる方もいました。

新人時代、当時の上司が日々書いてくれた「個人成績表」は、当時の奮闘ぶりが伝わります。一部紹介します。

・現場1日目
キャッシャーで850円、どうしても合わない。期待の新星アヤちゃん、ファイト！

・現場3日目
本日の技能賞。初日のつまづきが嘘のように新星アヤちゃんはメキメキと頭角をあらわしていました。今日もミスのない平和な1日でした。元来キャッシャーは何も目立たないうちに仕事が終わる人ほど優秀であると言われています。連続過不足金ゼロは、もっと人前で自慢してもいいとは思いますが、もっとも、静かな、目立たないアヤちゃんなんて、男どもに言わせりゃ魅力半減ってものです。心の奥には相当ストレスがたまっているだろうと思いますが、最後まで頑張り通し、チェックインアサインされた時にそのうっぷんを晴らしてください。

・現場20日目

北海道のローカル空港は軒並み天候不良。天候調査中と聞いて、不安を持たないお客様はいません。「飛ぶのか、飛ばないのか」、口を開けば「まだわからないのか！」。お客様の気持ちもわからないわけではありません。でも、これは神のみぞ知ることです。そんな中で我らがアヤちゃん、北海道内の天気概況をまるで今朝自分で見てきたような態度で説明し、ベテラン職員をびっくりさせていました。ダイバート時（当初の目的地以外の空港などに着陸する）のことや就航の可否など、さまざまな天候の情報をフルに使っての説明は、お客様を納得させるに十分なものでした。端で見ていたN大先輩も「口あんぐり」。お客様も安心、デスクも安心。結局全便が条件付きで出発しましたが、アヤちゃんのおかげで何のトラブルもなく終わりました。

・現場27日目

Ｆ３７５のスルーチェックイン、お疲れさまでした。離島の天候が悪く、チケット同一便搭載（鹿児島空港で離島空港に乗り継ぎ旅程）です。予約数は少ないもの、この便については、お客様に関係なく大変な労力が要求されます。離島の天候が悪ければなおのことで「一層スルー（乗り換え便）なんてやらなければいいじゃないの！」あやちゃんの心の叫びが聞こえてきます。最後までやり抜き通した我らが綾チャン、本当にお疲れさまでした。同一便チケットを持ってゲートに走る綾ちゃんの姿がとてもまぶしかったです。チェックイン終了と同時にＣＮＸ　ＰＡＸの人数（乗り継ぎをするお客様）とバッグをデスクに通報することも忘れていません。安心して見ていられる「悪天候時の離島便チェックイン」でした。

この個人成績表は、上司が部下育成と人事査定のために、その日に発生した事例、接客態度、評価の理由を書いてくれるもの。上司の人柄もあり、ユーモアもたっぷり。当時はそこまで気づく余裕がありませんでしたが、温かい雰囲気の中で、恵まれた社会人のスタートだったのだと思います。

切迫する時間の中、あらゆるお客様を迎え、その立場をおもんばかること、そして笑顔で美しく対応すること。今につながる接客業の基本が叩き込まれた時期でした。

ときにミスをしてへこむこともありましたが、毎日自分の成長を実感できる、宝物のような毎日を過ごすことができました。

ずっと根底にあった父への思い

航空会社の地上職として勤務するようになって、一番うれしかったこと。それは、夢がかなったことそのものよりも、父の、私を見る目が変わったことでした。

特別に声をかけられたとかではありません。ですが、娘が一流といわれる大企業につとめ、水を得た魚のように生き生きと働いていることを誇らしく思ってくれているようでした。

「ああ、パパもうれしく思ってくれているんだな」。それは、私にとっては、雪解けでした。

後から理解したことですが、心理学をナビゲーションにして、思春期の自分や心の深部を探ると、必ず出てくるのが「父に認められたい」という強烈な思い。私はずっと、奔放な父に反発しながら、一方で、娘として父からの承認願望を秘めていたのです。

中学校で厳しいテニスの練習に耐えたのも「父がほめてくれるかも」、無意識にそんな気持ちを秘めていたからなのです。

私は、日常生活のあらゆる場面で〝目標突進型〟。こうと決めたら、すぐ行動に移し、猛進します。このパワーは、どこかで「達成したら父にほめてもらえる」、そんな思考があるからです。その分、いざコトを成し遂げると、自分が期待するほど父の関心をひかないので、たちまち冷めてしまう。テニス部全国制覇の後の燃え尽きかたが良い例でしょう。

今なら、自分の思いと、実際の父とを、きっちりと分けて、上手に感情のバランスをとるだけのスキルと知識があります。

ですが、その時点では、私もまだ未熟でした。

やがて、飛行機の整備士だった社内の男性と知り合い結婚しました。両親への相談もなしに航空会社を退社して、彼の勤務先の奄美大島に引っ越してしまったのです。

「せっかく大手企業で頑張っていたのに辞めてしまうのか」と父は失望。黙って決めた結婚の経緯も気に入らず、再び私と父は険悪な関係に。「結婚式には俺は出ないぞ」と言い出す始末でした。

父との膠着状態が続きました。でも、「娘の結婚式には出たい」と家出をする勢いになった母に、父が折れました。結果的に両親ともに式に参列してもらうことができたのです。

妊娠と同時にがん発覚

奄美大島に引っ越して間もなくのころ。島の病院で、私は医者から妊娠していることを告げられました。

「やったー!」

待望の赤ちゃん。私は飛び跳ねる勢いでした。

ところが、医者は続けて言ったのです。

「実はですね。子宮の検査で、がんの所見があります。続けて精密検査を行いましょう」

「え……」

検査結果で、私の体には、初期の子宮がんが発見されました。

医師と話し合い、とにかく出産を優先して、その後に手術を行うことに。

この時ばかりは、私も毎日祈るような思いで過ごしました。がんと赤ちゃん。その二つを体内に抱えていたのです。

12月、クリスマスを過ぎたころ。私は出産を迎えました。陣痛から出産まで6時間の自然分娩。スピード出産ではありましたが、出産直後、子宮口ではなく中が裂けてしまったことによる大出血を起こしてしまい、全身麻酔による緊急処置が取られました。

「初乳だけは絶対飲ませたい」と言っていたことを助産師さんが覚えていてくれて、初乳を飲ませた記憶はかすかに残っています。ですが、あとは何もわからず、次に気づいたときには、出産からすでに4時間が経過した分娩台の上でした。

大変なお産になりましたが、無事に息子と初対面。胸に吸い付く小さな命が、愛しくて愛しくてたまりませんでした。

出産後、今度は母乳を止め、子宮がんの手術をしました。開腹ではなく部分切除で、こちらはスムーズな手術に。病理検査後ゼロ期と診断されました。

術後、「一度止めてしまうと母乳は出なくなることが多いんですよ。あきらめてくださいね」と看護婦さんに言われていたのですが、試してみると、母乳がパッと出たのです。難産、それに続く手術と人一倍大変なスタートでしたが、息子は母乳をいっぱい飲み、すくすくと成長してくれました。

産後、初めて夫に息子を預けて、美容院に行ったときのことです。久しぶりの一人の外出に、しばし育児を忘れて、リラックスしていました。でもカットの最中に、なんだか急におっぱいがパンパンに張ってきたのです。「あれ？」と思って家に電話をしてみると、電話の向こうから息子のギャン泣きが。

夫によると、
「今まで機嫌よくしていたのに、電話の直前に急に泣き出したんだよ」
とのこと。「ああ、息子と私は本当に一心同体なんだ」とすごく感じられた出来事でした。

〝奄美ブルー〟と呼ばれる独特の青さをたたえた海を眺めながら、幼い息子を砂浜で遊ばせた時間は今でも夢のよう。自分が母親になった幸せをかみしめて、感謝の気持ちでいっぱいでした。

シングルマザーとして再出発

息子が３歳になって、少し子育ても軌道に乗ったころ。ふと「私、友達もいないし、なんだかさびしいな。東京に帰りたいな」と孤独を感じるようになりました。実家も遠く、知り合いも少ない島での生活で、少し疲れもあったかもしれません。

１年後、異動願いがかなって、夫は東京勤務に。奄美大島を出て首都圏に戻っての生活が始まりました。

ところが、羽田空港勤務となった整備士の夫は、多忙を極めました。24時間体制のシフト勤務となり、さらに業務上習得しなければならない資格が増え、家に帰っても寝ているか、勉強しているか。夫も笑顔が消えて、イライラしていました。

今なら夫も疲れていたのだと理解できるのですが、私自身に思いやれる余裕が失われていました。

「全然、帰ってこないじゃない」「休みの日も寝ているか、本読んでいるだけじゃないの」と、夫を責めることが増えていきました。少しずついさかいが増え、大きくなっていく夫婦のすれ違い。それでも私は耐え、なんとか我慢していました。

ある日のこと。幼い息子が夫の仕事のパソコンに手を伸ばしました。すると、「何やっているんだ！」と、夫がその小さな手をパッと払ったのです。

ほんの一瞬でしたが、それを見た私の中で、何かがぷつん、と切れてしまったのです。どうしても夫を許せなくなってしまいました。

「もう、あなたとはやっていけない！　離婚したい。息子を連れて家を出たい」

一度言葉にしたら、もう気持ちは止められませんでした。

もちろん夫は簡単には承諾しません。

「そんなこと、簡単には決められないよ」

「すぐに決められないことはわかっている。でも、いつもたっちゃんと二人だけの生活になっちゃって、離婚しても変わらないと思う」

「女一人で仕事をして、子育てをして行くのはとても大変だよ」

「でも、もうこれから3人でやっていく自信はなくなってしまったの」

長い長い話し合いの末、夫が一つの提案をしてきました。

「では、母子家庭の生活がどういうものか、まずは練習しなさい。やってみて、本当に二人でやっていけると確信が持てたら、その時に正式に離婚しよう」

こうして、私と息子は家を出て、「お試し母子家庭（？）」をすることになったのです。

このお試し期間は、本当に大変でした。

これまでの生活とは一変。時間と戦う生活になりました。

当時住んでいた平和島から、保育園のある新横浜へ毎日送り迎えをしながら、私は派遣社員としての勤務もスタートしました。「息子のために、慣れた保育園から転園させてはかわいそうだ」と思いこんでいたのです。

電車の中でまだ眠たそうにしている息子をなだめて、パンを食べさせたりしました。行って帰って、仕事して、また行って帰って、寝る。そして、次の朝が来て、行って帰って……。その繰り返しが続きました。

でも自分から申し出た手前、絶対に弱音は吐きません。「絶対にやり遂げてみせる」、自分で自分を奮い立たせていました。

ある朝、保育園に向かう途中、ふっと息子が私に言いました。

「ママがパパに会わせてくれないんでしょ？」

まずい、この子はパパに会えなくて寂しがっている！　私は、その日のうちに夫に連絡をして、1泊だけ息子を預けることにしたのです。

その夜は一人、なかなか眠れませんでした。

「ママよりパパといる方がいい、と言われたどうしよう」

「パパの方が経済力は当然あるし……」

さまざまな不安が頭をめぐりました。

翌日。夫のところで一泊した息子が、心なしかスッキリした顔で帰ってきました。そして、私に向かってこう言ったのです。

「もうパパには会わないよ」

後日、夫に聞いてみると、あの夜息子と〝話し合い〟をして、「これからは、ボクがママを守る」という、「男同士の堅い約束」をしたのだそうです。

そして、本当に3歳のその日から今日まで、自分から「パパに会いたい」と口にすることは一度もありませんでした。

こうしてお試し期間を経て、夫がついに折れ、正式に離婚が成立しました。徳島の父には、「親不孝もの」と罵られてしまいましたが、もう後には引けません。

「立派なシングルマザーとして、立派にこの子を育てるんだ」

「片親で育った負い目をこの子には決して感じさせない！」

なぜ徳島の実家に戻らなかったのかとよく聞かれるのですが、母には負担をかけたくないという気持ちが、まずありました。また、当時は、「母子家庭だから」と少しでも思われる環境に、息子を置きたくなかった。首都圏にいて、世間的にも名前の通った企業に勤務し、「母子家庭に見えない環境」にしたかったのです。

私の原動力となっていた父への思いは、いつしか息子へ。

こうして、私はシングルマザーであることをエンジンにして、息子と二人三脚の人生を再出発しました。

デコトラが運んだ縁

シングルマザーとして息子を育てながら、さまざまな企業での勤務経験を積む

私に、２つの大きな出会いが訪れました。

一つは、２００８年、現在の会社、株式会社金羊社ロジテム・Ｒ５エクスプレス株式会社の天野社長との出会いです。

天野社長は、当時勤めていた紙類の商事会社に、毎日引き取りにくるお客様の一人でした。Ｔシャツに短パン、ビーチサンダル。挨拶以外は言葉も交わさず、近寄りがたい雰囲気でした。しかも乗ってくる車両は、なんと「デコトラ」。派手な絵やイルミネーションで、ギラギラにデコレーションしたトラックです。

初めて見たときは、

「こ、コワイ」

一方で、「あのデコトラ、中はどうなっているのかしら」と興味をひかれる部分もありました。

ある日。待合室で、Ｔシャツ、短パンの天野社長が何やら真剣に、電卓をたたいていていていました。

「何しているんですか？」

と思わず声をかけました。

聞いてみると天野社長は青色申告の計算中。そこから、なんとなく会話が始まり、申告状況を聞くことになったのですが……。

税理士事務所での勤務経験もあり、多少の知識があった私は

「天野さん、その申告内容では、もったいないことしていますよ！」

と思わず力説してしまいました。

その日をきっかけに、私は天野社長から、経理のことなど少しずつ相談を受け

るようになりました。そうしているうちに、「だったら、うちを手伝ってもらえる？」という流れになり、私は、運送業界に入る決心をしたのです。

入社直後は、これまでとまったく違う世界で、最初は戸惑いました。でも、私は、父親がやんちゃ系だったので、社長を含め、そんな世界にどこかひかれる部分があったのでしょう。

1年間のトラックドライバーも経験し、同社の専務となったのは、まさに天野社長のおかげです。

心理学との出会い、最初の講義で号泣

転機となる大きな出会いのもう一つは、「心理学」。運送会社に入社して、とにかく「他人」を深く理解して、もっと上手にコミュニケーションを取れるようになりたい、と思ったことがきっかけです。

社員にも協力してもらって、週に1度、心理学講座に通うことにしたのです。

「他人とのコミュニケーションの技術を学べる」と思って選びましたが、それは

違いました。心理学のスタートは、「自分の心を見ること」でした。

最初に学んだのは「NLP心理学」。言語学と心理学を効果的に組み合わせた実践手法のことです。アメリカ発祥で、日本では「神経言語プログラミング」と訳されています。

初回の授業から、自分と徹底的に向き合うワークや講義がスタートしたのです。今までなんとなく避けていた自分。それと初めて対峙せざるを得なくなり、怖さやいろんな感情が出て、号泣してしまいました。

なぜ私は、人は、その行動に出たのか。その行動のベースに何があるのか。そして、その行動は変えられるのか。また、どのように変化できるのか。週に1度の学びの時間は、今までにない視点をもたらしてくれました。

特に印象的だったのは、「目標達成のために望ましい状態をどう引き出していくか」という講座でした。

この講座では、まず現在の状態を客観視するために、徹底的に自問します。

・具体的に何が問題か？
・それを手に入れる方法は何でわかるか？
・いつ、その問題を持つ必要があるのかが何でわかる？
・その問題を誰と持つべきなのか何でわかる？
・どこで、その問題を持つべきなのか何でわかる？
・あなたが、その問題を解消することを制限しているものは何？など、望んでいることを具体的に（いつ、どこで、誰と・・）
・もし手に入れたらどんなことが起こり何が起こらない？
・もし手に入れなかったら何が起こり何が起こらない？
・望むことを手に入れるとき抱えている問題があったら？
・望むことを手に入れた結果、今までと何が違うのか　そして、周囲に与える影響は？

徹底した自問。当時の私のメモは次のようになっていました。

私に指摘されるところがあってはならない。完璧にすべてをこなさないと……。

穴を見つけられてしまう…。なぜならば、穴の指摘を言われたいのではなく目標や希望に対して邪魔をされたくないからだ。

私の目標とは「自分の時間を持つ」

私の希望とは「すべての行動には肯定的な意図があり、全ての行動にはその価値を生かせる状況にしたい」

このメモの意味、この講座を通じて見えてきたこと、それは次のことでした。「慣れない運送業界、男社会で、どんな言葉、どんな表現、どんなタイミングで話をすればいいのだろう」というのが私の問題。でも、本来の目標や希望にしっかり向き合うことで、自分のあるべき言葉と行動が見えてきたのです。それまでは問題にとらわれて、自分ではなく、人の顔色ばかりうかがっていたことがわかりました。

時間はかかりましたが、希望と目標をしっかり見据えれば、「こんな会社でありたい」「こんな人でありたい」という思いと、自分の言葉と行動が一致していく。今につながる、大きな学びのある講座でした。

心理学の面白さに目覚めた私は、さらに「TA心理学」も学ぶことにしました。こちらは1950年代後半にアメリカの精神科医が開発した理論体系がベース。平易な言葉や図式を使って、人の心理や行動を理解していくものでした。

2年間、夢中で吸収した心理学。この知識をベースに、私は社長と社員に向き合っていくことになったのです。

「ミセス日本グランプリ」ファイナリスト進出

2015年12月末。息子の二十歳の誕生日。

子宮がんを抱えながら出産。離婚を経てシングルマザーとして「息子が成人になるまでは」と頑張ってきた私にとっては、大きな節目となる日でした。

その日はバースデーケーキを用意してお祝い。大学生となり、無邪気にローソクを吹き消す息子を見つめながら、私は感慨にふけっていました。

すると、息子が、ふと私に向き直りました。そして、

「お母さん、今までありがとう。これからは、自分の時間を大切にしてね」

と言ったのです。

「自分の時間」、私には思いがけない、新鮮な言葉でした。もちろん、自分を犠牲にしてきたという気持ちは、つゆほどもありません。今日までシングルマザーとして息子を育ててきたのは心からの思いがあったから。でも、一方で、たしかに、自分の時間をゆったりと楽しむほどのゆとりはなかったかもしれません。それを、息子が気づかってくれていたのです。

「達也、ありがとう。お母さん、うれしいよ。そうか。自分の時間、か……」

「うん、そうそう。何かやりたいこと、なんでもいいからやってみれば」

「ええ？　お母さんは、何がやりたいかなあ。急には思いつかないけれど。そうだ、そろそろ自分のための時間をひたすらとる年をつくってみようかな」

こうして始まった２０１７年。とにかく自分のためのプランを次々に実現していったのです。思いついたところに旅行に行ったり、出かけたり、ちょっと忙し

すぎるくらいで最初は慣れなかったのですが、少しずつ楽しめるように。

また、なるべくたくさんの人に会う時間を、意識して作るようにしました。

特に、フェイスブックを通じて友達になったある女性は、これまでにない大きな刺激を与えてくれた人です。ファイスブックの投稿のセンスがよくて、表情、スタイルなどが、私が憧れとする女性の「ド・ストライク」でした。

それまでの私だったら、フェイスブック上のやり取りだけで満足するところでしたが、2017年は自分のための年。思い切って、この女性に会いに行くことにしたのです。

実際に会ってみると、その女性は、さらに美しく、にじみ出る人柄が素晴らしく、魅了されました。また実際に会ってから交流も深まり、以来、この女性からは、たくさんの気づきをもらっています。初めて顔ヨガやメイクレッスンを経験したのも、彼女からのお誘いがきっかけでした。

この方を通じて、ある一つの大会を知りました。「ミセス日本グランプリ」。「社会と向きあい社会貢献活動に関心を持ち健康的で知性と美しさを兼ねそなえたミセス」を選出するという趣旨で、10回目を迎える大会でした。

「あ、この大会に出場してイメージアップにつながれば、少しは会社に恩返しができるかもしれない」

女性の私だから、この会社のためにできること。私は応募すべきだ、と速攻で決めました。

息子と徹夜で志望動機を考えてエントリー。書類選考を経て、セミファイナル進出することができました。そして、私は全国何百名といる応募者の中から、40代ファイナリスト９名に選抜されたのです。トントン拍子で、自分でも信じられないくらい。本戦に向けて、お化粧や立ち居振る舞い、ウオーキングなどのレクチャーも受けました。

10月、いよいよ神戸市内で行われた本戦大会へ。

私は白い優美なドレスを着て、髪をアップ。メイクもプロにしてもらいました。順番に名前を呼ばれてステージの上へ。

舞台には、ずらりとファイナリストが並んだのですが、たまたま順番の関係で、私はど真ん中。

一人ずつ、センターでスピーチを行うのですが、そのたびにテレビカメラのライトがたかれ、報道陣のフラッシュがまばゆく光りました。

その光を浴びながら、私の中に不思議なことが起こりました。

スパン！と何かが音を立てて、突き抜けていった、気がしました。

「もう人からどう思われてもいい。どう見られてもいい」。そんな言葉が頭の中に降りてきたのです。

テニスを辞めた。航空会社に勤めた。離婚した。シングルマザーとして頑張っている。運送会社に勤め、心理学を学び、コミュニケーションを追求している。

「これまでの全ての経験が〝○（まる）〟だった。もう人に評価は求めなくてもいい」

なぜか、そんな思いが、まぶしいライトの中で、私の全身を駆け抜けたのです。

スピーチで私の番が来ました。

マイクに向かって、静かに話し始めました。

「東京都から参りました、濱田綾です。どうぞよろしくお願いいたします。

私は、現在2つの会社に取締役として籍を置き、1人の息子を持つシングルマザーです。振り返りますと経営に携わって8年。右も左もわからないまま運送会社の経営をする立場となりました。

私以外は全員男性。初めて握るトラックのハンドル。社員の気持ちに近づくため、立ち上げの1年はドライバーの経験を積み、がむしゃらに過ごしてきたように思います。

息子が成人を迎えた2年前『お母さん自分の時間を大切にしてほしい』、この言葉がきっかけとなり、自分の時間の使い方を考えるようになりました。

そんな時、ミセス日本の存在を知り、ホームページを拝見いたしました。

外見の美しさだけでなく社会貢献やボランティア活動に力を入れていることを知り、驚き、そして感動いたしました。

ミセスの方々に逢ってみたい！と、新年チャリティーイベントに参加し、実際にお会いしました。女性として、私はモチベーションが上がりました。

ミセスのメンバーの方々は私の憧れです。

これからの人生、その中に入り、メンバーの方たちと共に社会貢献・ボランティア活動をし、より自分も輝き、人としての思いやりを大切に、母としての強さ、そして、女性としての心配りを惜しまず、人のために尽くして参りたいと思います。ご静聴ありがとうございました」

グランプリではありませんでしたが、ステージから降りたあと、いろいろな方に「心に残るスピーチでしたね」と声をかけてもらいました。

運送会社の役員で、トラックの運転手経験もあって、シングルマザーで、ミセス日本グランプリファイナリスト選出。徳島の子ども時代には想像もしていなかった人生の展開です。異色の経歴が、今後会社のイメージアップにも役立てそうで、今はワクワクしています。

第4章
社内コミュニケーションのコツは人生のコツ

ハマダ流　働き方改革ポイント　その4

コミュニケーションは、自分を深めることでのみ深める

働いていく上で欠かせない他者とのコミュニケーション。周囲と円滑に行うための鍵は、他人にはなく、自分の中にしかありません。自分の本当の気持ちを素直に見つめ、不要な偏りを正していくことで、コミュニケーションは滑らかに。他人に求めることはありません。

家庭でのあり方を大切に過ごす

日々の身だしなみ、部屋の整理整頓、家族とのコミュニケーションなど、家庭には、「働き方」に通じる要素の全てがあります。そこに気づけるかどうか、実践できるかどうかで、働き方の質が変わります。

良い姿勢を習慣づける

口角を上げて、背筋を伸ばす。物理的に良い姿勢を習慣づけることで、確実に身体から、意識を変えることができます。意識が変われば、働き方も変わります。

「説得力ある話し方」をするには

「私は話し上手なんです」。そんなふうに言い切れる人は、かなり少ないのではないのでしょうか。私自身も、職場などで、良かれと思った発言で思わぬ波紋があるなど、話し方については痛い思いをしてきました。

ビジネスや仕事のあらゆる場面で、どうしたら「説得力のある話し方」が出来るのか。経営者からも、現場からも、よく寄せられる悩みです。

それにはまず、〝説得〟とは何か、を考えなくてはなりません。

あなたが描く場面とは、誰に、どんなことを説得しているシーンでしょうか？

最近のことでもいいので、ちょっと思い出してみてください。

「このビジネスプランを上司に通したい」

「会議を平気で欠席する後輩に、意義をわかって、ちゃんと出てほしい」

「引っ越しを渋る妻に、なんとかわかってほしい」

「子どもに大学受験をしてほしい」

など、会社でも家庭でも、さまざまあると思います。

説得とは、自分の思いを相手に伝え、理解してもらうこと。「自分の思い」とは、あなたの願望です。「あなたの願望」を理解して、協力してほしい、それが説得です。

つまり、説得を受ける相手にとっては、あなたの願望に協力するかどうか。このように置き換えると、説得とは、かなり相手に負担を強いる可能性があることがわかります。

だから、説得を行う時は、相手を思いやり、丁寧に伝える。その重要性をわかることが第一歩です。

なぜ、どのように、どうする、どうしたいから、どうしてほしいか。何のために。また、それが実現されたらどのように変化していくのか、させたいのか。こうしたことを、自分の中で、きちんと整理をしてから話し出さなくてはなりません。

だからといって、萎縮することはありません。自分の本当の願望と素直に向き合えばいいのです。

「ビジネスプランが通れば、業績がアップできる。こんなアイデアを思いついた私の実力も周囲に示したい」

「後輩が目立つ行動をすると、教育係の自分の評価が下がる。それはごめんだ」

「あと数年で定年だ。今後、収入面でも体力面でも今のレベル維持は難しい。自分はとても不安だ。その不安を妻にも分かってほしいし、そこから将来の生活設計をしたい」

「我が子には苦労させたくない。自分も勝手がわからない世界にいってほしくない」

このように掘り下げると、今、相手に説得しなければいけないこと、そして、今でなくてもよいことも整理されていくでしょう。おのずと、説得するべき時期も整います。

あなたの本当の願望は、あなたにしかわかりません。説得力を持った話し方をするためには、まず、自分の中を掘り下げることです。

苦手意識のある人への上手な接し方

「この人は苦手だなあ」

「どうしてこの人はこうなんだろう」

日々の生活の中で、特定の人に対して、ひそかに苦手意識を持ってしまうことは、誰もが経験しているのではないでしょうか。また、それが仕事などの関わりであった場合は、苦手だからといって距離を置くことでは解決出来ない場合も多いものです。

例えば、自分が発案した企画のアイデアが通り、「よし、成功するように頑張ろう！」と最初はやる気マンマンだったのに、日ごろ苦手だと感じていた人とチームになった途端に、やる気を削がれたり、その人に邪魔をされた気になったり。ネガティブな思いは心の奥にしまいこんでも、いざ仕事がスタートすると、やっぱり意見が合わなかったり、何かと気を使ってしまって疲れてしまったりすることもあります。

ある人に対して、苦手な意識を持ってしまったとき、私は次のようにステップを踏んで、考えるようにしています。

まず、どうしてその人が苦手だと思うのか、またそう感じるのかを、まず自分の中で検証してみます。相手の苦手だと思うところ、具体的な行動や、しぐさなど、まずは苦手意識の原因となるものを突き止めましょう。

次に、その原因を分析し、どう向き合えばいいのだろうと考えましょう、ではありません！

「苦手意識によって生まれる弊害をなくし、振り回されないようにするにはどうすればいいのか」を考えるのです。

苦手意識をどうにかしようとするのではなく、自分の意識の方向を変える感覚です。そうすることによって、自分の方に価値が生まれるからです。「苦手な人問題」を、「自分が振り回されないためにはどうするかという価値ある問題」に意識を変換すればいいのです。

視点の変え方の例をお話しましょう。

ペットボトルに、半分入ったお茶があるとします。この時に、「まだ半分ある」と思うか、「もう半分しかない」と思うのか。同じ出来事も、視点を変えてみることで、必ず2つ以上の見方があります。ある出来事にとらわれるとき、あえて違う視点に立ってみると、別の見方や世界、感じ方が必ず存在することに気づきます。

これと同じように、苦手な人の欠点を「欠点」としてしか見ていないと、結局この問題にあきらめがちになってしまいます。まずは、欠点だと思っているところも、あえて褒めてしまいましょう。視点を変えることで柔軟な対応ができるようになります。

苦手意識に悩む人に対して、「あまりクヨクヨ考えないで、ポジティブシンキングでいこう」などと言う人がいます。「ポジティブシンキング」は一見前向きの意味で使われますが、私は、決して前向きの言葉ではなく、意識や視点を変えるのとは違うと考えています。

「ポジティブシンキング」とは、「出来なくてもまぁいいか」「性格だから良いんじゃない」などと、ネガティブなことを覆い隠すような考えだったり、解決しない言葉を上手く使った「回避策」だったりするからです。

これに対して、意識や視点を変える方法は、視点を変えた先に必要な解決の道筋が見えてきます。覆い隠したり、回避するだけではないという点で、本当の意味でポジティブなのです。

苦手な人がいたら、意識と視点を変えること。そのことを、私も日々検証、実践しています。

日々の身だしなみは仕事につながる

何事も継続すると、当たり前の習慣になります。毎日食事をとる。お風呂に入る。寝る。顔を洗う、歯を磨く。どれも小さいころからの習慣で、とくに苦労もなく、シンプルに当たり前のこととして実行できます。

私は、母から教わった3つの習慣を欠かしません。

出勤するとき、部屋を整えること。一日中留守にする部屋であっても、毎日キレイな状態にします。玄関先では靴をそろえること。特に外出するときは素敵な下着にすること。

母は「人はいつどうなるか、わからないでしょ。だから、見えないところこそ意識するのよ」とよく話してくれました。見えないところこそ意識するのは、女性として大切な心がけ、身だしなみの一つだとも言っていました。

　この３つの習慣は、小さいころから躾られてきたので、私にとっては、これまで特に意識することなくやってきたこと。ただ最近になって、母の教えがことさら身にしみるようになりました。

「いつどうなるかはわからない」、この感覚は、運送会社にいると切実です。無事故無違反は当たり前ですが、当たり前には達成されないからです。

　突然、私が事故にあうかもしれない。留守中の自宅に、私の代わりに急に誰かに入ってもらう事態が発生するかもしれない。このささやかな習慣は、不測の事態にあった時の家族や周囲の人への思いやり。仕事をする姿勢、生きる姿勢にもつながってくるのです。

　身だしなみを整えることは、心を整えること。私はドライバー時代でも、化粧をしないでハンドルを握ることはありませんでした。ただ、男性社員の多くは、見た目に関心がありません。だから、制服の正しい着用、爪や髪型まで就業規則で指示する必要が出てくるのです。

　とはいえ、こと女性は、身だしなみというよりも、加齢が気になり、年を重ねるほど、見かけを上塗りしたくなるもの。でも、私はこう考えます。失った若さを、若さで埋めようとするから失敗してしまうのだと。大切なのは「知性」です。失った若さの代わりに、知性を重ねていくことが、美しく歳を重ねていく秘けつだと思います。

自分時間を持つということ

２０１７年は特別な年でした。息子からの提案をきっかけに、この1年と期限付きで、自分を優先に行動をしてみたのです。

今までにしなかったこと、できなかったことを次々に実現してみました。この体験は多くの気づきを私に与えてくれました。

まず、自分のためだけに過ごす時間はとても幸せでした。

美容室に行く、本を読む、会いたかった人に会う。昼寝する。料理をする。「幸せだなあ」とシンプルに感じることができました。

「役員だから」「母だから」とやってきたこと、やってこなかったこと、やらなければいけないと自分で勝手に思っていたことがいかに多かったか！　それがわかっただけでも、大きな収穫でした。

また、「〇〇だから」の枠組みからあえて飛び出したことで、新しい出会いもたくさん。出会いは、知らなかった自分の可能性の発見にもつながります。

多くの人、多くの時間を費やすのもいいのですが、あえて「多様な人」と過ごしてみる、というのも意識して実行。これまで知らなかった分野、自分には関係ないと思い込んでいた分野の人に、あえて会いにいくことにしたのです。すると、未知の人を鏡にして、自分が見えてくるのです。

これまで当たり前だと思っていましたが、私が女性であること、女性だから出来ることがあり、私だから出来ることがある、という強みに気づけたことが大きな収穫でした。

「自分ファースト」試みの1年は終わりました。実は、ちょっとプランを詰め込みすぎて、年末にはホッとするくらいでしたが……。1年を過ぎて景色が変わった、そのくらいのインパクトのある年になりました。

今は、一日の中で、少しでも「一人時間」を持てるように意識しています。スマホやテレビを観たり、ヨガをしたり、掃除をしたり、時間量よりもその質や内容次第で充実させて過ごしています。

なぜ一人時間が必要なのか

2017年の経験があるので、身をもって、忙しい人こそ「一人時間」がとても大切だと痛感しています。

「社員のために」「家族のために」など、だれかのために、と思って過ごすことは大切。でも、自分の心に余裕がないと、その思いやりまでにも、自分の感情が移入されてしまうからです。「○○してあげたのに…」という押し付けがましさは、ここで生まれてしまうのです。

では、どうして、この押し付けがましさが「1人時間」を持つことで予防出来るのでしょうか。

それは、自省することが、素直な自分と向き合い、自分の感情を整理するのにとても役に立つからです。

例えば、忙しさに紛れて感情でものを言ってしまうようなとき。思わず口に出してしまったことの根っこを見つめ直すことで、見えてくるものが必ずあるのです。

感情で言葉を発する時には、そこに裏の意味があります。

・「願望」　本当はこうしたい、という自分の思い。そのために遠回りした言葉になっている
・「回避」　言葉でごまかしたい、終わりにしたいなど。どうしたいいのか、方向性はすでに自分の中にある
・「相手への発信」　伝えたい思いをストレートに表現できない。多分こういうところうなるのでは、という妄想が加わっている

表向きは「相手のためにしてあげたい」と思っていても、結局、それは自分がしてあげたいという「自分がしたいこと」。相手に本当に必要なのか。今、本当にそのタイミングなのかは実際にはわからないのです。しかも、人は、相手の反

応までも自己流に想像している場合が多いもの。だから、無意識の期待とは違う反応が返ってくると、怒りやイライラを覚えてしまうのです。

内面を見つめる作業は、静かで落ち着いた時間でないと、なかなか難しいものがあります。そういった意味でも、「1人時間」の積み重ねが、とても大きな意味をもってくるのです。

会社などで働いている人だけではなく、家庭で忙しくしている方も同じこと。忙しい人ほど、「1人時間」の効用は大きいのです。

自分と向き合う①——母の覚悟

私の場合、「自分と向き合う」というテーマは、家庭内のコミュニケーションにおいて、鍛えられたように思います。

我が家は、基本息子と二人。おそらく、よその家庭以上に、濃い関係で、息子は私を見ているのでしょう。

私が頑張っていること、悩んでいること、元気がないことなど、すぐ気づかれてしまいます。だから、終始笑顔のステキなお母さんでいたいのですが、ウソの笑顔はお見通し。「僕のためにお母さんは我慢して、頑張ってくれている」と、息子は感じることが多かったと思います。そして、私も「息子のために頑張る。私はお母さんだから」と今までやってきたのです。

お互いを思いやる関係といえば、一見良いかもしれません。でも、私としては、それが少し申し訳なかったとも思います。

今、私が一番大切にしているのは、息子を一人の人として尊重すること。息子には、どんなに小さなことでも、決して嘘はつかない、ごまかさないと決めています。

また、「息子のために頑張る。私はお母さんだから」という思いは、自分の願望で染まっていないかな?という検証を、常に自分に説いています。

シングルマザーの生活は、正直楽ではありません。私は時に、父親役を演じることもしなくてはならないし、また生活の不安を持ち出すと山ほどあります。

でも、それは現実として、まずは受け入れる。その上で、一人の人、息子と向き合っていく。それが、母としての覚悟です。

自分と向き合う② ―私が仕事をする原点とは

あなたはどうして仕事をするのですか？　何のために？

時にはそんな原点を自分に問うことがあります。私の場合、この質問に対する回答は、いつも同じです。

「息子という家族を自力で守りたいから」

もちろん、シングルマザーという状況なので、そうせざる得ない事情はあります。でも、「自力で守りたい」というのは、私の願いでもあるのです。

正直に言うと、「もしシングルマザーでなかったら」と考えたり、「もし仕事をしないでもよい身で、息子との時間をもっと取れたら」と思ったりすることはあります。仕事に時間を取られて、小さいころから長く一緒にいられないことへの罪悪感は、慣れることはありません。

でも、なぜ仕事をするのか、その原点、自分の願いに立ち返るとき。「私が、息子を自力で守りたいんだ。だから仕事をするんだ」という思いを再確認すると、そこに、仕事に向かっていく覚悟が生まれます。

「背筋をピンッ　笑顔でニコッ」

自分を振り返る「一人時間」が大切、といいました。でも正直、どんな人でも忙しい時は「そんなことわかっている。わかっちゃいるけど」と口をとがらせたくなりますよね。本当は忙しい時こそ大事なのですが、余裕がないからこそ後回しをしてしまうもの。

そんな時、私のとっておきの魔法があります。それは「背筋をピンッ　笑顔でニコッ」。

「背筋をピンッ！」

はい、この本を読んでいるあなた、今猫背になっていませんか？　背筋を伸ばすことは1秒。いい思考は上を向いて考えます。上を向いていると、ネガティブな言葉や思考は浮かびにくいのです。

さあ、背筋が伸びたら、ついでに

「笑顔でニコッ！」

口角を上げて見てください。本当には笑わなくてもいいんですよ。口角を上げるだけです。

たったこの二つだけ。ちょっぴり照れくさい人もいるかもしれません。でも、これが、前向きな意識に移行する小さな魔法になるのです。なぜ魔法かというと、本当に効果があるから。「1人時間」がない、と嘆きたくなったら、この魔法をやってみてください。

ちょっと前向きになれたら、自分に問いかけてあげましょう。

「自分はどうしたいの？」

「それは何のため？」

目的は常に、シンプルに。そのためにも、「背筋をピンッ　笑顔でニコッ」の魔法で、まずは自分に余力をもたせてあげましょう。

おわりに

運送会社の経営に携わり10年が経とうとしています。

最近、一人の社員が、私にこんなことを言ってくれました。

「会社を車に例えたら、専務はエンジンですね」

「え！　それはどういう意味？」

「例えば、ですね。俺たち社員は、タイヤのやつもいれば、ワイパーのやつもいる。リイドミラーとか、バックミラーのやつもいる。みんなそれぞれ役目があって、一つでも足りないと整備不良や走行に支障が出るんですよ。

その中で、専務はエンジンなんです。エンジンがないと車は絶対に走らないでしょう。そして、そのエンジンは、時期が来るとオイル交換する必要があるんだけど、本体の車は止められない。それで専務は、車が常に走り続けることができるように、こっそり誰にも気づかれないようにオイル交換をしている。専務は会社という車の走行をストップさせないように、見えないところで頑張っているんですね」

社員にとっては思いつきの例え話だったかもしれませんが、私にとっては、まるでごほうびのような、うれしい言葉でした。

この10年、そして、それまでの年月も、ただただ私は前だけを向いて、前に進むことだけを考えて生きてきました。

でも、本の出版のお話をいただいたことで、私は立ち止まり、これまでの道を初めて振り返ることになったのです。

それまで、過去の出来事の一つ一つは、まるで一貫性がないような気がしていました。でもいざ原稿を書いてみると、それまでの点と点が、線でつながってきたのです。

「辛かったことも、悲しかったことも、全て必要なことだった。実は意識的にプロデュースしてきた人生だったのだ」と、気づくことができました。

人には見せない涙もいっぱい流してきましたが、今の自分に「最幸」のエールを贈りたい、今はそんな心境です。

どうぞ、ここに綴った私の言葉たちが、今何かに悩んでいる人の元に届いて解決のヒントになれますように。そんな祈りも込めて。

著者　濱田　綾

平成出版 について

本書を発行した平成出版は、基本的な出版ポリシーとして、自分の主張を知ってもらいたい人々、世の中の新しい動きに注目する人々、起業家や新ジャンルに挑戦する経営者、専門家、クリエイターの皆さまの味方でありたいと願っています。

代表・須田早は、あらゆる出版に関する職務（編集、営業、広告、総務、財務、印刷管理、経営、ライター、フリー編集者、カメラマン、プロデューサーなど）を経験してきました。そして、従来の出版の殻を打ち破ることが、未来の日本の繁栄につながると信じています。

志のある人を、広く世の中に知らしめるように、商業出版として新しい出版方式を実践しつつ「読者が求める本」を提供していきます。出版について、知りたい事やわからない事がありましたら、お気軽にメールをお寄せください。

book@syuppan.jp　平成出版　編集部一同

SINGLE MOTHER's STORY

シングルマザーストーリー

令和は、女性がつくる「働き方改革」ストーリー

ーやんちゃな職場が、背筋をピンッ 笑顔でニコッー

令和元年（2019）5月30日　第1刷発行

著 者　濱田　綾（はまだ・あや）

発行人　須田　早

発 行　平成出版 株式会社

〒104-0061 東京都中央区銀座７丁目13番５号

NRE G銀座ビル1階

経営サポート部／東京都港区赤坂８丁目

TEL 03-3408-8300　FAX 03-3746-1588

平成出版ホームページ http://www.syuppan.jp

メール: book@syuppan.jp

発 売　株式会社 星雲社

〒112-0005　東京都文京区水道1-3-30

TEL 03-3868-3275　FAX 03-3868-6588

取材協力／向山奈央子

編集協力／安田京祐、近藤里実、二木由利子

本文DTP／小山弘子

印刷／(株)ウイル・コーポレーション